少林武术精粹系列丛书

# 少林拳（十）

德虔　德炎　编著

北京体育大学出版社

责任编辑：任　侠
责任校对：孙　静
版式设计：李　鹤

**图书在版编目（CIP）数据**

少林拳. 十 / 德虔, 德炎编著. -- 北京 : 北京体育大学出版社, 2022.1
（少林武术精粹系列丛书）
ISBN 978-7-5644-3572-1

Ⅰ. ①少… Ⅱ. ①德… ②德… Ⅲ. ①少林拳－套路(武术) Ⅳ. ①G852.15

中国版本图书馆CIP数据核字(2022)第007607号

**少林拳（十）**
**SHAOLINQUAN(SHI)**　　　德虔　德炎　编著

出版发行：北京体育大学出版社
地　　址：北京海淀区农大南路1号院2号楼2层办公B-212
邮　　编：100084
网　　址：http://cbs.bsu.edu.cn
发 行 部：010-62989320
邮 购 部：北京体育大学出版社读者服务部 010-62989432
印　　刷：北京昌联印刷有限公司
开　　本：880mm × 1230mm　　1/32
成品尺寸：148mm × 210mm
印　　张：2
字　　数：39千字
版　　次：2022年1月第1版
印　　次：2022年1月第1次印刷
定　　价：13.80元

（本书如有印装质量问题，请与出版社联系调换）

# 前言

武术作为中国的国粹，是中华民族传统文化的组成部分。家喻户晓的少林武术便是其中极具代表性的门类，是中国武术的重要象征。

我社与少林武术结缘已久，伴随着时光的流逝，有多种内容、多样组合、各种形式的载有少林武术的出版物，源源不断地从我社注入市场，为方兴未艾的少林武术热潮平添了更高的热度。可以说，少林武术图书一直与我社相伴相随，成为我社具有长期出版价值的图书门类。其中，少林武术图书的编纂者——已故的王长青（法号释德虔）先生功不可没。他经年累月锲而不舍，寻于寺院、觅于乡间，挖掘出大量尘封的少林武术资料，继而分门别类梳理、整饬成一册册书稿，并与我社携手努力，打造出独树一帜的武术图书板块，为我社的武术图书出版打开了新局面。

今天，在着力弘扬中华优秀传统文化，树立和增强文化自信的大背景下，我社将以往出版的少林武术书籍重新进行了编排，以全新的面貌推出“少林武术精粹系列丛书”，这是我社多年来少林武术出版情结的延续，是对积累和沉淀的少林武术资源的再一次整合与展示，更紧密契合了时代的要求。

通过这套书，读者可以研习刚柔相济、闪转腾挪的少林功夫，可以感悟其中凝结的中华智慧，可以领略武术文化的博大精深……这便是我社对这套书出版价值的期待。

# 目 录

# 少林七星螳螂拳

# 动作名称

预备势
1.左封左千眼
2.右千眼
3.玉环步击拳
4.左崩手
5.七星掬心捶
6.右封右崩捶
7.回头撩阴
8.左封右崩捶
9.搂采三手
10.玉环步撩阴捶
11.马步掠掌
12.玉环步冲拳
13.叉步云飞掌
14.弓步冲掌
15.虚步撩掌
16.崩捶鸳鸯腿
17.弓步撩掌
18.玉环步冲拳
19.跳步架崩捶
20.蹬腿冲拳
21.转身弓步冲捶
22.转身弓步撩掌
23.玉环步冲拳
24.弓步撩掌
25.弓步冲拳
26.螳螂刀手
27.宋江招兵
收　势

## 动作图解

### 预备势

两脚并立；身体挺直，两臂下垂，两掌五指并拢，附于大腿外侧，掌心向内，掌指向下；目视前方。（图1）

### 1.左封左千眼

抬左脚向左跨一步，向左转体90度，左腿半蹲，右腿半跪，两腿成右玉环步；左掌向前向右刁，然后变成勾手，亮于胸前，同时右掌由腰间向前发出，掌心向下；目视前方。（图2）

### 2.右千眼

两脚向前滑半步，两腿成左弓步，同时右掌由后向前穿出，掌心向左；左掌向外画弧，然后端于腰间，掌心向内；目视右掌。（图3）

图 1　　图 2　　图 3

3.玉环步击拳

两脚向前滑半步，两腿成右玉环步；右掌向前方撩击，左掌护于右腕；目视前方。（图4）

接上动作，两脚向后滑成大开步；两掌变拳，在胸前右侧上方合击，右拳变掌，握住左腕；目视左侧。（图5）

4.左崩手

两脚向左侧滑成大开步，左拳变掌，向前方崩出，右掌向左贴于左上臂内侧，目视左掌。（图6）

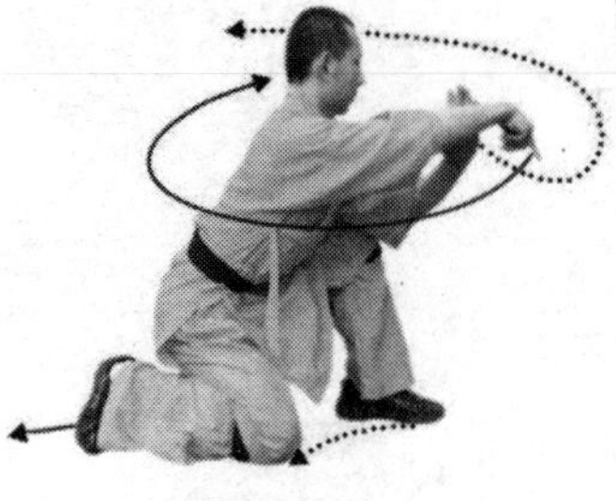
图 4

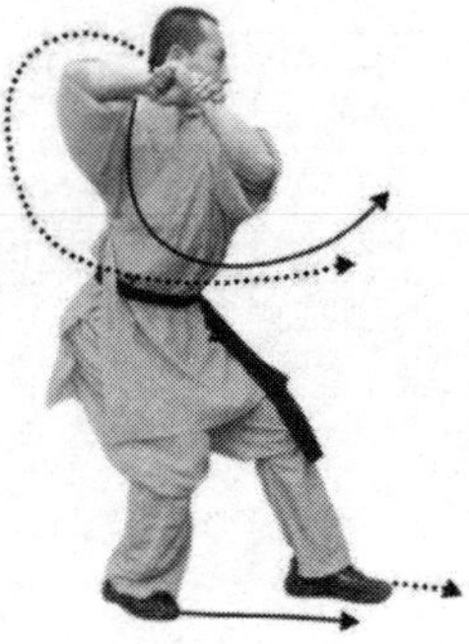
图 5

图 6

5.七星掏心捶

接上动作，抬右脚向前上一步，脚尖离地，两腿成右蹬步；右掌变拳，向前冲击；然后左臂由左侧向右曲肘横推，左掌护于右上臂内侧；目视右拳。（图7）

6.右封右崩捶

两脚向前滑成右弓步；左掌变拳，沿右上臂前推，然后护于右肘下；右臂屈肘，右拳前冲，拳心向内；目视右拳。（图8）

图 7

图 8

7.回头撩阴

抬左脚向前上一步，稍向左转体，两腿成大叉步；同时，左拳由后往胸前环弧，然后向后下方冲击，拳心向下；右拳向前上方斜击，拳心向外；目视左拳。（图9）

8.左封右崩捶

两脚踝地，向右转体270度，成右弓步；两拳随身环展，转身后，左拳变掌，由外向前击，掌心向下；右拳变掌，顶住左手腕内侧（响亮），目视左掌。（图10）

图 9

图 10

9.搂采三手

两脚蹍地，向左转体180度，右脚向前上一步，两腿成右弓步；右臂屈肘，右掌变拳，抱于腰侧，左掌向前上方撩击；目视前方。（图11）

10.玉环步撩阴捶

接上动作，左脚向前上一步，两脚向前滑成右玉环步，左掌变拳，两拳向前下方冲击，拳心向下；目视两拳。（图12）

图 11

图 12

### 11.马步掠掌

两脚蹍地，向右转体90度，震脚，两脚向前滑成马步；两拳变掌，两掌向右撩；目视两掌。（图13）

接上动作，两脚同时向右侧滑步，成高马步；两掌由左向右撩；目视两掌。（图14）

接上动作，两脚向前滑半步，两腿成右弓步；右掌变拳向前撩；左臂屈肘，左掌护于右上臂内侧；目视右拳。（图15）

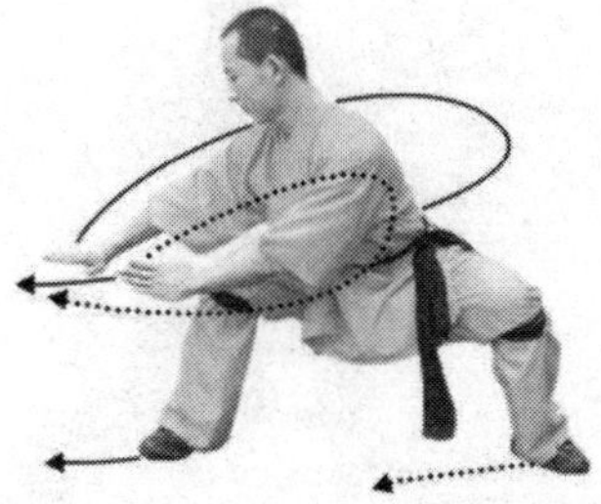

图 13

图 14

图 15

12.玉环步冲拳

两脚向后滑半步，两脚踬地，向左转体180度，两腿成右玉环步；同时左掌变拳，两拳由后向前上方穿出，拳心相对；目视两拳。（图16）

13.叉步云飞掌

两脚踬地，向右转体180度，两腿成大叉步；同时两拳变掌，左掌向脚前上方飞撩，右掌端于腰间；目视左掌。（图17）

图 16

图 17

14.弓步冲掌

接上动作，两脚向前滑半步，两腿成右弓步；右掌向前冲击，左臂屈肘，左掌护于右肘外侧；目视右掌。（图18）

15.虚步撩掌

接上动作，收右脚成虚步，两腿微蹲；同时右掌向前猛推，左臂屈肘，左掌护于右肘内侧；目视右掌。（图19）

图 18

图 19

## 16.崩捶鸳鸯腿

两脚踉地，向左转体180度，右脚向前上一步，两脚向前溜半步，两腿成右弓步；两掌变拳，左拳向前上方崩出，右拳抱于腰间；目视左拳。（图20）

右脚后退一步，两脚踉地，向右转体90度，右腿向右侧弹踢；右拳由下向右侧上方猛击，左拳由左向右甩击；目视右拳。（图21）

图 20

图 21

### 17.弓步撩掌

接上动作，右脚向右落步，向右转体90度，两腿成右弓步；同时两拳变掌，右掌向前上方穿出，左掌由左向右横劈，右掌在上，左掌在下；目视前方。（图22）

### 18.玉环步冲拳

两脚蹍地，向左转体180度，两脚向前滑半步，成右玉环步；同时两掌变拳，向前成叉形冲击，上体稍向左斜；目视两拳。（图23）

图 22

图 23

接上动作，两脚蹍地，向右转体180度，抬左脚向前成左弓步；同时右拳向前冲击，拳心向下；左拳由左向右崩肘；目视右拳。（图24）

### 19.跳步架崩捶

两脚向前跳跃一大步，向右转体90度，两腿成马步；同时，左

拳由右向左崩击，拳心向下；右拳架于头上右侧，拳心向前；目视左拳。（图25）

图 24

图 25

20.蹬腿冲拳

两脚踩地，向左转体90度，抬右脚向前上步成右蹬步（足尖向上勾起，足跟着地），左腿微蹲；右拳由上向前冲击，拳心向下；左拳变掌，由左向前屈肘撩抓出，然后护于右上臂内侧；目视右拳。（图26）

两脚踩地，向左转体180度，抬右脚向前上步成右蹬步，左腿微蹲；右拳由右随身向前向上屈肘冲击，拳心向内；左臂屈肘，左掌向右横推护于右肘下；目视右拳。（图27）

图 26

图 27

21.转身弓步冲捶

两脚踝地，向右转体180度，向前跳步，右脚落在左脚前，两腿成左玉环步；同时，右拳由下向前上方屈肘冲击，拳心向内，左掌变拳由左向右屈肘横崩；目视右拳。（图28）

22.转身弓步撩掌

两脚踝地，向左转体180度，右脚向前上一步，两脚向前滑成右弓步；两拳变掌，右掌向前上方劈撩，左掌由左向右横击，护于右肘下；目视右掌。（图29）

23.玉环步冲拳

接上动作，右脚向后退一步，向右转体180度，两腿成左玉环步；两掌变拳，两拳向胸前成叉形冲击，上体稍向右斜；目视前方。（图30）

图 28

图 29

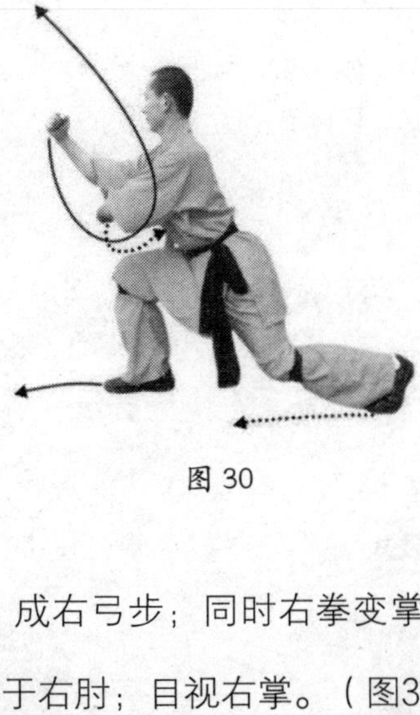
图 30

24.弓步撩掌

两脚向前跳步，成右弓步；同时右拳变掌，向前上方撩出；左拳内屈向右穿撩，护于右肘；目视右掌。（图31）

25.弓步冲拳

两脚踱地，向左转体180度，两腿成左弓步；同时右掌变拳，向前猛冲；左拳向右横击；目视右拳。（图32）

图 31

图 32

## 26.螳螂刁手

右脚向前上一步，两腿成叉步，然后两腿全蹲成歇步；同时两手变成螳螂手，左手向左刁，右手向右屈肘刁；目视左手。（图33）

接上动作，两脚向前滑半步，向左转体45度，上左脚成左虚步，两腿微蹲；同时两手向前刁手；目视左手。（图34）

图 33

图 34

## 27.宋江招兵

两脚踩地，向右转体135度，两腿成右弓步；两刁手变掌，右掌向前上方抖腕摆动；左掌由左向右撩，护于右上臂内侧；目视右掌。（图35）

## 收 势

两脚踩地，向左转体90度，收右脚与左脚成并步；两掌同时向上再向下画弧，两臂下垂，五指并拢，掌心向内，身体挺直；目视前方。（图36）

图 35

图 36

# 少林白猿螳螂拳

## 动作名称

预备势

1.上步格手

2.凤凰展翅

3.大圣降妖

4.猴子搬桩

5.夜叉点钱

6.仙人指路

7.渔夫招手

8.玉环步刁捶

9.小鬼亮牌

10.童子抱月

11.螳螂亮爪

12.转身刁捶

13.白猴出洞

14.螳螂劈大刀

15.白猴弹爪

16.白鹤亮翅

17.二郎担山

18.螳螂爬杆

19.白猴寻穴

20.回头斩剑

21.夜叉推窗

22.大仙现法

23.嫦娥奔月

24.猴子相面

25.踹脚缠刁

26.鹞子入林

27.螳螂翘背

28.童子看书

29.玉环步刁捶

30.猿猴进洞

31.螳螂上树

32.螳螂双架刀

33.螳螂现爪

收　势

## 动作图解

### 预备势

两脚并立；两臂下垂，五指并拢，掌心向内，掌指向下，身体挺直；目视前方。（图1）

### 1.上步格手

左脚向左开一步，两脚蹍地，向左转体90度，两腿成右玉环步；同时右掌随身向前抓，左掌向左撩打后格于右肘下；目视右掌。（图2）

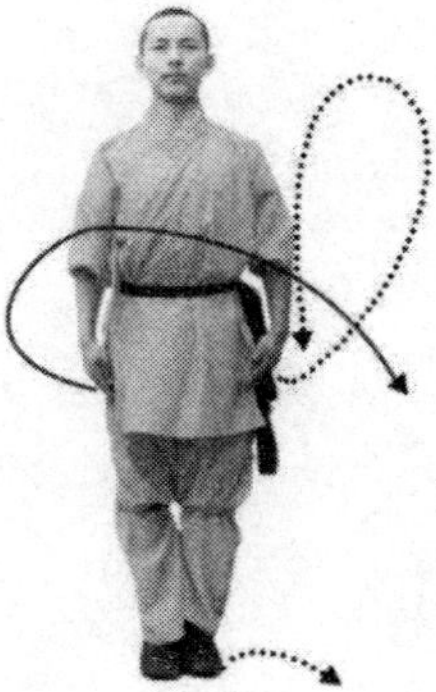

图 1

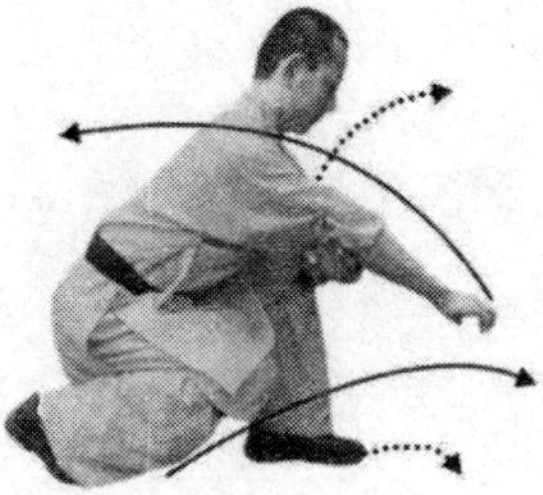

图 2

### 2.凤凰展翅

两脚向前跳一步，抬右脚悬膝；同时两掌由胸前向两侧撩展，上体左转；目视左掌。（图3）

### 3.大圣降妖

右脚不落地，同时抬左脚向左横跳一步，左脚落于右脚左侧一步，右腿屈膝，左腿蹬直，两腿成右横弓步；右掌向左侧下方反掌扫掠，掌心斜向上；左掌由外向内撩，然后屈肘亮掌，掌心向内；目视左侧。（图4）

图 3

图 4

4.猴子搬桩

两脚踬地，向右转体90度，两腿成右弓步；同时两掌变拳，随身向外向内在胸前撩合，左臂稍高于肩，右臂平腹，两拳眼相对；目视前方。（图5）

5.夜叉点钱

两脚踬地，向左转体180度，两腿成叉步；同时右拳变成金剪指随身向前点指，左拳向外撩打，转身变掌，拍打右上臂；目视右手。（图6）

6.仙人指路

抬右脚，两脚向前踮跳一步，左脚落于右脚前，两腿成左弓步；同时左掌向前抢出，掌心向下；右掌向外撩打，然后变拳，抱

于腰间，拳心向上；目视左掌。（图7）

图5

图6

图7

## 7.渔夫招手

两脚不动，右拳变掌向后向上，再返前由上向前劈打；左掌向外撩，然后端于腰间；目视右掌。（图8）

## 8.玉环步刁捶

抬两脚向前滑半步，左腿屈膝半蹲，右腿半跪，两腿成右玉环步；同时两掌变成螳螂手，随身向前刁捶；目视两手。（图9）

图 8

图 9

9.小鬼亮牌

起身，两脚踉地，向右转体90度，收左脚向内一步，然后抬右腿提膝；同时右掌由下向上举臂亮掌，掌心向左；掌指向上，左掌由外向内屈肘推出，掌心向右；目视前方。（图10）

10.童子抱月

右脚下落与左脚成并步，两腿微蹲；同时右掌由上向下，左掌由胸前向外向上再向下，两掌在胸前屈肘抖腕亮掌，掌心向上；目视前方。（图11）

11.螳螂亮爪

右脚向右跨一步，两脚踉地，向右转体90度，两腿成左玉环步；同时两掌变螳螂手，向前刁捶，右手在上，左手在下；目视前方。（图12）

图 10

图 11

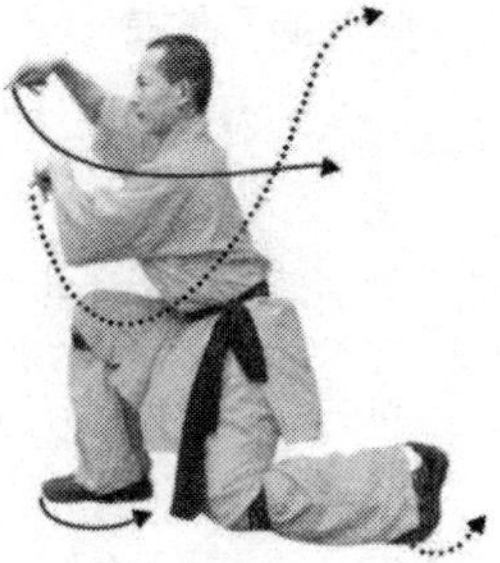

图 12

12.转身刁捶

两脚踝地，向左转体180度，两腿成右玉环步；同时两手随身由左向右刁捶，上体向左倾斜；目视前方。（图13）

13.白猴出洞

右脚向前上一步，两腿成右弓步；同时两手变拳，右拳向前冲击，拳心向下；左拳向外撩打，然后屈肘抱于腰间；目视右拳。（图14）

图 13

图 14

接上动作，左脚前上一步，两腿成左弓步；同时左拳向前冲击，拳心向下；右拳抱于腰间，拳心向上；目视左拳。（图15）

接上动作，右脚前上半步，落于左脚后，两腿成虚步；同时，左拳由前向外抡打，然后向前下方揣击，拳心斜向下；右拳由下向上架于头上前方，拳心向前，上体向前倾探；目视左拳。（图16）

图 15

图 16

14.螳螂劈大刀

两脚向前跳一步，震右脚（响亮），两腿半蹲，成左虚步；同时左拳由下向上举臂冲击，拳心向下；右拳由上向下揣击，拳心向后；目视前方。（图17）

15.白猴弹爪

以左脚为轴，向右转体180度，抬右腿向右侧弹蹬；同时右拳随身向右往左再向右抡一圈，然后成螳螂手向右侧刁打；左拳变螳螂手，屈肘护于胸前；目视左手。（图18）

图 17

图 18

### 16.白鹤亮翅

右脚向右落一步，抬左脚移于右脚后右侧一步，两腿成叉步；同时两手变掌，经胸前向两侧展臂托掌，掌心向上，右臂稍高于左臂；目视左侧。（图19）

### 17.二郎担山

左脚向左移一步，两脚蹍地，向左转体90度，两腿成左弓步；同时两掌变成螳螂手，会于胸部画弧，右手向前劈打，左手向后甩撩；目视右手。（图20）

### 18.螳螂爬杆

抬两脚向前滑半步，两腿成右玉环步；同时两手随身向前刁搂，手心向下，上体向左扭斜；目视两手。（图21）

图 19

图 20

图 21

## 19.白猴寻穴

两脚踲地，向右转体180度，抬左脚向前上一步，与右腿成并步，两腿半蹲；同时两手变拳，由上向前下方揣击，拳心向下；目视两拳。（图22）

## 20.回头斩剑

抬右脚向前上一步，两腿成右弓步；同时右拳变掌，向前上

抓，然后架于头前上方；左拳向后甩臂崩击，拳心向右；目视左后方。（图23）

图 22

图 23

## 21.夜叉推窗

两腿不动；同时左拳变掌，与右掌在胸前交合，然后屈肘亮掌，掌心向外；目视前方。（图24）

## 22.大仙现法

两脚向前滑半步，两腿成左玉环步；同时左掌向左正立掌推出，掌心向左，掌指向上；右掌变拳，向后甩击；目视左侧。（图25）

图 24

图 25

### 23.嫦娥奔月

左脚向前上一步，两脚向前滑半步，两腿成右玉环步；同时左掌变成金剪指由下向前上方穿插，掌心向下；右拳向右撩打，然后屈肘抱于腰间；目视左手。（图26）

### 24.猴子相面

右脚向前上一步，两腿成自然步；同时右拳变掌，向前屈肘扳击，掌心斜向上；左掌变拳由上向下向右屈肘推击，拳心斜向上；目视前方。（图27）

图 26

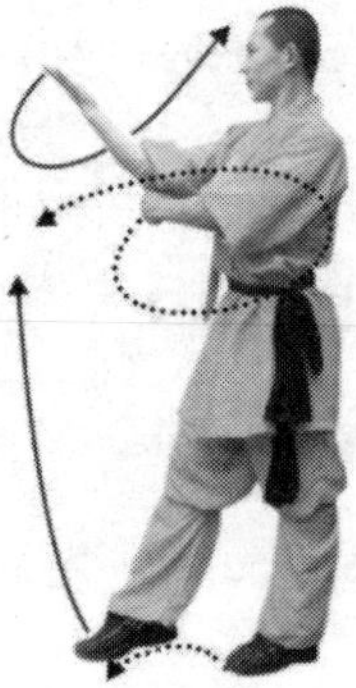

图 27

### 25.踹脚缠刁

抬右腿向右前蹬踹；同时左拳和右掌变成螳螂手，先向前刁，然后右臂向外缠腕刁打；目视右脚。（图28）

### 26.鹞子入林

右脚下落于左脚前一步，抬左脚向前上一步，两腿成左弓步；

同时屈肘，两手扣拳；目视左肘。（图29）

图 28

图 29

27.螳螂翘背

右脚向前上一步，脚尖翘起，足跟蹬地，右腿伸直，左腿微蹲；同时右拳架于头顶上方，掌心向前；左拳变掌，由外向内屈肘穿掌；目视前方。（图30）

28.童子看书

左脚向前上一步，抬右腿向前提膝；同时右拳变掌，向前拍击右膝（响亮），左掌向前抓，然后屈肘反掌亮于胸前，掌心斜向上，掌指斜向前；目视左掌。（图31）

图 30

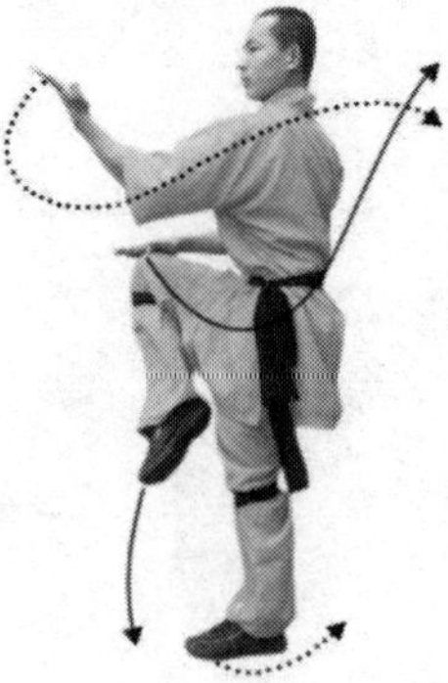

图 31

## 29.玉环步刁捶

右脚下落于左脚前一步，两脚蹍地，向左转体180度，两腿成右玉环步；同时两掌变成螳螂手随身向前刁打，右手架于头上前方，左手由左向右护于胸前，上体向左倾斜；目视前方。（图32）

## 30.猿猴进洞

两脚蹍地，向右转体180度，抬左脚向前上一步，两腿成左弓步；同时两手变拳，随身向前合击，拳心相对，上体向前倾探；目视两拳。（图33）

图 32

图 33

31.螳螂上树

抬右脚向前上一步，两脚踝地，向左转体180度，抬右腿提膝；同时两拳变螳螂手，随身向前刁抓，两手心相对；目视前方。（图34）

32.螳螂双架刀

右脚落地，左脚向前一步，两腿成左弓步；同时两臂向两侧举展抖腕滚臂刁捶，右臂在前，左臂在后；目视右手。（图35）

图 34

图 35

### 33.螳螂现爪

抬两脚向前滑半步，两腿成右玉环步；同时两手向前，屈肘探刀，手心向下；目视两手。（图36）

### 收　势

起身，收左脚，向右转体90度，成并步；同时两手回胸前变掌，向外向上往下抓，然后两臂下垂，掌心向内，掌指向下；身体挺直，目视前方。（图37）

图 36

图 37

# 少林梅花螳螂拳

## 动作名称

第一节

预备势

1.转身冲捶

2.白蛇点睛

3.左右千眼

4.左玉环步撩打

5.右玉环步撩打

6.刁手拿腕

7.刀削铜脖子

8.箩圈势

9.提膝吊捶

10.大鹏展翅

11.转身采刁手

12.跳步千眼手

13.转身踢抓

14.猿猴摘桃

15.燕子别翅

16.枯树盘根

17.螳螂吊足

18.金龙合口

19.金鸡千眼

20.坐盘展刁

21.虚步刁手

22.转身千眼

23.腋下藏花

第二节

24.左玉环步刁手

25.左右千眼

26.冲天捶

27.停风挡箭

28.转身截拳

29.玉女拉网

30.左右刁捶

31.格肘撩阴脚

32.抵前顾后

33.前蹬后刁手

34.金瓶玉挂

35.大鹏展翅

36.弓步阳拳

37.转身刁手

38.回手转珠

收　势

# 动作名称

## 第一节

### 预备势

两脚并立，身体挺直；两臂下垂，两掌五指并拢，附于大腿外侧，掌心向内，掌指向下；目视前方。（图1）

### 1.转身冲捶

左脚向左跨一步，两脚蹍地，向左转体90度，抬右脚向前上一步，落于左脚前成右虚步，两腿微蹲；同时两掌成螳螂手由内向外撩刀，然后两手变拳，右拳由下向上向前屈肘冲击，拳心向前，左拳由外向内屈肘横击，护于右肘之下，拳心向内；目视右拳。（图2）

图 1

图 2

### 2.白蛇点睛

两脚不动；两拳成剪指手，合在胸前，然后右手向前抖腕屈肘

点指，手心向前，手指向上；左手由外向内抖腕屈肘点指；目视前方。（图3）

图 3

### 3.左右千眼

抬右脚后退一步，向右转体180度，成左虚步，两腿微蹲；两手由外向内环压；左手随身由左向右撩点，手心向前，手指向上，右手随身由上向下、由外向内撩，落于左上臂下方，手指向左，目视左侧。（图4）

接上动作，抬左脚向后退一步，两脚踉地，向左转体90度，收右脚震脚（响亮），然后成虚步，两腿微蹲；同时左手由前随身向左侧撩点，手心向下，手指斜向左；右手变拳，抱于腰间；目视左手。（图5）

图 4

图 5

4.左玉环步撩打

右脚向前上一步，右腿半蹲，左腿半跪，两腿成左玉环步；同时左手变拳，两拳由外向内拦，然后向上向外屈肘撩拳，左拳心向内，右拳心向左；目视右侧。（图6）

接上动作，左玉环步不变，右拳置于胸前，拳心向上，左拳由外向内拦，然后由下向上屈肘撩打，拳心向内；目视右侧。（图7）

5.右玉环步撩打

右脚向右移半步，两脚踬地，向右转体180度，抬左脚向前上一步，两腿成右玉环步；同时左拳由上向下向内拦，然后向上冲拳，右拳抱于腰间；目视左拳。（图8）

接上动作，右玉环步不变，右拳向内拦，然后由右向左上方打；目视右拳。（图9）

图 6

图 7

图 8

图 9

### 6.刁手拿腕

两脚踩地，向右转体90度，两腿屈膝成马步；同时两拳变手，右手向前刁，然后屈肘后拉，左手由左向右拿住右手腕；目视右前方。（图10）

### 7.刀削铜脖子

以左脚为轴，抬右脚随体右转180度，落于左脚右侧一步，再抬左脚移于右脚前成左虚步，两腿微蹲；同时右手随身向外向内采刀，然后屈肘握拳，抱于腰间，拳心向上，左手变掌，由右向左屈肘横掠，然后反手亮掌，掌心斜向上；目视左掌。（图11）

图 10　　　　图 11

8.箩圈势

两脚不动；右拳变掌，两掌由胸前向外向上画弧，然后绷架于头前上方，两掌心向上，掌指相对，中距三寸；目视前方。（图12）

9.提膝吊捶

左脚向左跨一步，两脚踝地，向左转体90度，抬右腿提膝；两掌变拳，右拳由内向外撩，下砸于右膝上，拳心向右；左拳抱于腰间；目视前方。（图13）

图 12

图 13

## 10.大鹏展翅

左脚不动，右腿向右侧上方弹踢；同时两拳变成剪手指，由胸前向两侧展臂撩点，手心向下；目视右手。（图14）

## 11.转身采刁手

以左脚为轴，右脚随体左转180度落于左脚前，再抬左脚向前，落于右脚前成左虚步，两腿微蹲；同时右手随体左转由外向内采抓，然后变拳，抱于腰间，拳心向下；左手再向右刁，手心向下；目视前方。（图15）

图 14

图 15

12.跳步千眼手

右脚向前上一步，两脚随体左转180度，向前跳一步，左脚落于右脚前，两腿成左虚步，两腿微蹲；同时右拳变掌，由外向内抓，然后护于左肘处；左手由后向前点插，手心向下，手指向前；目视左手。（图16）

13.转身踢抓

左脚踏实，抬右脚向前上一步；同时左手向前猛抓，然后屈肘握拳抱于腰间，右掌向右侧撩打；目视前方。（图17）

图 16

图 17

14.猿猴摘桃

左脚落于右脚前，顺势抬左腿向前提膝，右腿微蹲；同时左拳变掌由前向后甩，右掌由下向前向上抓；目视右掌。（图18）

15.燕子别翅

左脚落于右脚前一步，两脚踬地，向右转体90度，抬右脚落于左

脚前；同时两掌由胸前向两侧展臂，掌心向外；目视右掌。（图19）

图 18

图 19

16.枯树盘根

抬左脚向左跨半步，两脚踩地，向左转体180度，两腿成叉步；同时两掌变拳向外采抓；目视右拳。（图20）

向右转体180度，两腿全蹲成歇步；两臂向内屈肘握拳，拳心向下；目视前方。（图21）

17.螳螂吊足

起身，两脚踩地，向右转体90度，抬右腿向前提膝；同时两拳变手，于胸前向外向内采刁，然后由左向右撩手；目视前方。（图22）

18.金龙合口

右脚向下落于左脚前一步，抬左腿向前提膝；同时，左手由外向内拦，然后变拳，屈肘内击，拳心向内，右手由上向内撩，然后

变拳由下向上屈肘掠击，拳心向内；目视左侧。（图23）

图 20

图 21

图 22

图 23

## 19.金鸡千眼

左脚下落于右脚前半步，两脚踝地，向左转体180度，两腿微蹲，成左虚步；同时两拳变掌，在胸前环弧；然后左掌向前上方成剪指手插出，手心向下，手指向前，右掌向前由外侧往内拦撩，然后变拳抱于腰间，拳心向上；目视左手。（图24）

### 20.坐盘展刁

以左脚为轴，抬右脚随体左转270度，右脚落于左脚后侧，两腿成叉步，然后两腿半蹲成虚步；同时两手变成螳螂手，在胸前环弧后抖腕刁手，手心向下；目视前方。（图25）

图 24

图 25

### 21.虚步刁手

左脚后移，抬右脚向前半步，两腿微蹲，成右虚步；同时右手随身由左向右上方抖腕刁手，手心向上；左手由外向内屈肘抱于腰间；目视前方。（图26）

### 22.转身千眼

右脚向右移半步，抬左脚落于右脚前成左虚步，两腿微蹲；同时左手向外刁，然后由胸前向上方点插，手指向前，右掌由上向外采，然后向内屈肘撩打，护于左肘下方，手心向下；目视左手。（图27）

图 26

图 27

23.腋下藏花

左脚向左移一步，向左转体90度，两腿微蹲，成左虚步；同时两手变掌，左掌由上向下撩，然后向内拦，藏于右腋下；右掌由右向左前方撩，掌指向前；目视右掌。（图28）

## 第二节

24.左玉环步刁手

抬左脚向前上一步，左腿屈膝半蹲，右腿半跪，两腿成右玉环步；同时右掌随身向内屈肘抖腕前刁，然后变拳，左掌变拳，由左向右横撩，两拳护于右胸前，掌心向下；目视前方。（图29）

图 28

图 29

## 25.左右千眼

抬左脚向前上一步屈膝，右腿蹬直，两腿成左弓步；同时左拳成剪指手，由胸右侧向左向上再向前点插，手心向下；右拳变手屈肘向左撩抓，手落左腋下；目视左手。（图30）

接上动作，抬右脚向前上一步，两腿成右弓步；同时右手由左向右往外画弧，然后向前上方点插；左手由前向外向后再向内拦，然后护于右肘下；目视右手。（图31）

图 30

图 31

26.冲天捶

两脚向前跳一步，右脚落于左脚前，两腿成右弓步；同时两手变拳，在胸前环劈；然后左拳由下向后返前，再向前上方冲击，拳心向下；右拳由外向内屈肘横击，拳心向下；目视左拳。（图32）

27.停风挡箭

左脚不动，收右脚成虚步；同时右拳变掌，向外撩抓，然后屈肘握拳抱于腰侧；左拳由前上方向后画弧，然后变掌，向前推出，掌心向前；目视左掌。（图33）

图 32

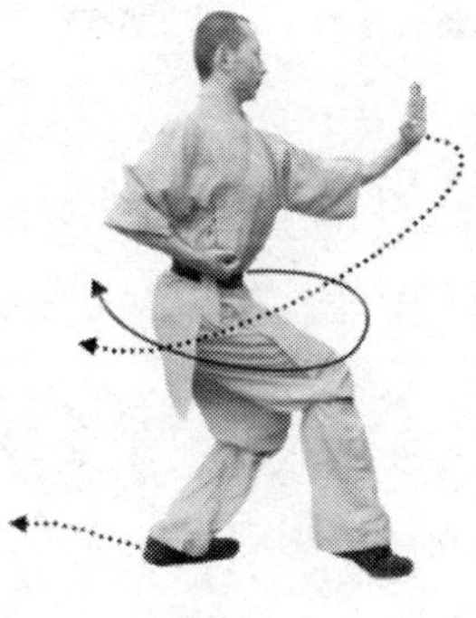

图 33

28.转身截拳

左脚向后退一步，两脚蹍地，向左转体180度，两腿成左弓步；同时右拳随身向前下由外向内拦打，然后向前冲拳，左掌由左向右拍击右肘上部（响亮）；目视右拳。（图34）

## 29.玉女拉网

两脚蹍地，向右转体90度，右腿半蹲，左腿蹬直，两腿成左仆步；同时左掌向内随身向前崩撤，掌心向下；右拳变掌由外向内拦抓，然后变拳，屈肘外扭，拳心向下；目视左掌。（图35）

图 34

图 35

## 30.左右刁捶

两脚蹍地，向左转体90度，抬右脚向前上一步，两腿成右弓步；同时左掌随身向前抖腕刁劈，右拳变掌向外撩，然后向内屈肘护于左肘内侧；目视前方。（图36）

图 36

接上动作，抬左脚向前上一步，两腿成左弓步；右掌向前撩，左臂屈肘，左掌变爪抓于左肋下；目视前方。（图37）

上右脚向左转体成右横仆步；同时右掌变拳，由前向外向下向上画弧，然后向左内打，左手由左向右抓打右手腕部；目视前方。（图38）

图 37

图 38

31.格肘撩阴脚

起身，两脚蹍地，向右转体90度，抬右腿向前弹踢；同时左手抖肘向内闪掌；右拳向下劈撩；目视前方。（图39）

32.抵前顾后

右脚下落，两脚蹍地，向左转体180度，抬右脚向前上一步，两腿成右弓步；同时右拳变掌，两掌随身由左向右后方圈刀；目视前方。（图40）

图 39

图 40

## 33.前蹬后刁手

抬左脚向前上一步，两脚踬地，向右转体180度，抬左腿向前提膝，然后抬左腿向前蹬踢；同时两手由前向后上方撩刁，左手平于头，右手平于肩；目视左后方。（图41）

## 34.金瓶玉挂

左脚下落于右脚前一步，两脚踬地，向右转体90度，抬右腿向前蹬踢；同时两手随身经胸前环撩，然后右手由下向右上侧垂腕勾手，左手由左向右屈肘抖腕亮拳；目视右手。（图42）

图 41

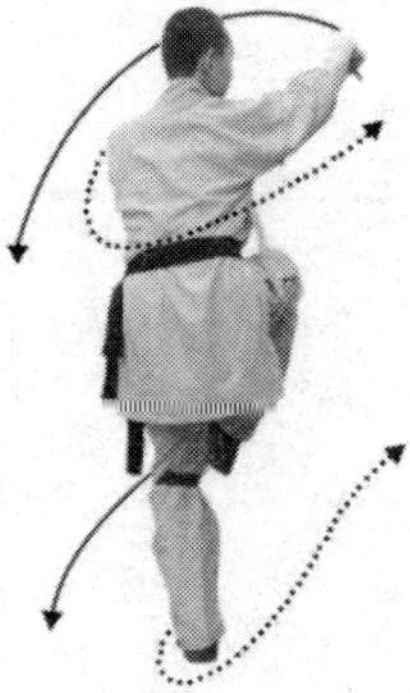

图 42

## 35.大鹏展翅

右脚落于左脚外侧一步，然后向左转体270度，右脚站立，左腿向前弹踢；同时两手由胸前向两侧展臂撩手，手心向下；目视左手。（图43）

## 36.弓步阳拳

左脚向左侧落一步，抬右脚向前上一步，两腿成右弓步；同时右手变拳，由下向上屈肘冲击，拳心向内；左手变拳，抱于腰间；目视右拳。（图44）

图 43

图 44

37.转身刁手

左脚向前上一步，两脚踩地，向右转体90度，两腿成马步；同时右拳随身向前抖腕冲拳，左拳由左向右屈肘内刁；目视右拳。（图45）

38.回手转珠

两脚不动，重心右移，两腿成左仆步；同时上体左转，两拳变掌，右掌由右向左屈肘点撩，掌心向下，左掌由左向右点撩，掌心向上；目视左侧。（图46）

收　势

起身，收右脚与左脚成并步；同时两掌由下向上画弧，然后由上向下垂臂推掌，掌心向内，掌指向下；身体挺直，目视前方。（图47）

图 45

图 46

图 47